古诗新读 二

伸手
摘下
满天星

邱易东　编著

罗　娟　评析

济南出版社

图书在版编目（CIP）数据

古诗新读. 二，伸手摘下满天星 / 邱易东编著；罗娟评析. —— 济南：济南出版社，2024.7. —— ISBN 978-7-5488-6507-0

Ⅰ. G624.203

中国国家版本馆 CIP 数据核字第 2024KC3168 号

古诗新读（二）：伸手摘下满天星
GUSHI XINDU ER SHENSHOU ZHAIXIA MANTIAN XING
邱易东 / 编著　罗娟 / 评析

出 版 人　谢金岭
选题策划　孙昌海
出版统筹　秦　天
责任编辑　昝　阳
装帧设计　胡大伟

本书图画辅导老师
成都市武侯区教科院附属小学美术组：
杨瑞雪　屈　艺　廖小荣　张玉佳　杨镘玉
电子科技大学实验中学附属小学美术组：
胡功敏　陈　夜　徐　清　崔　竹　梁忆雪　张　琴　尹银银

出版发行　济南出版社
地　　址　山东省济南市二环南路 1 号（250002）
总 编 室　0531-86131715
印　　刷　山东联志智能印刷有限公司
版　　次　2024 年 7 月第 1 版
印　　次　2024 年 7 月第 1 次印刷
开　　本　145mm×210mm 32 开
印　　张　5
字　　数　88 千字
书　　号　ISBN 978-7-5488-6507-0
定　　价　28.00 元

如有印装质量问题 请与出版社出版部联系调换
电话：0531-86131736

寻找古诗里的一千个哈姆雷特
——《古诗新读》导读

问：《古诗新读》真是一本可爱的书，值得反复阅读和品味。您能讲讲编写这本书的想法和思考吗？

答：读古诗无趣、背古诗困难，是令一些孩子头疼的事情。我们希望做一次有意义的尝试，让古诗阅读轻松、有趣。引导孩子探究古诗画面，感受情境，接受诗人的感情冲击，获得审美熏陶，有效的路径，就是还原诗人从感受到表达的过程，激发孩子参与诗的创造。

问：文学具有天然的感染力，可是有的孩子为什么会感到读古诗无趣、背古诗困难呢？

答：这些孩子不喜欢读古诗，因为读不懂。诗人写诗不是为了读不懂，哪怕是古人的诗，也不会是现代人的天书。咬文嚼字固然重要，但咬文嚼字只能弄懂词句，无法融入古诗的意境，更无法感受诗人的情感。没有感动，就不会有记忆。记不住，背不了，就不能获得诗意的熏陶。

问：古人的感受和我们有什么不同？怎样与古代诗人产生
情感共鸣？

答：用心读出画面，获得"不思而得"的阅读效果，共鸣
就会自然产生。人的喜怒哀乐是永恒的，感受却随着
时空的变化而常新。古人的感受和我们没有什么两样，
区别只在于时间和空间的不同。同样的感受，时间与
空间不同，表达的感情也就千变万化、独一无二。这
就是诗的奥秘。

问：《古诗新读》怎样以独特的视角复活了古诗的生命？

答：只需要尽力与诗人感同身受，获得真实的感受。在真
实的情境中，探究诗人为什么写、怎么写、怎么写好。
有了这样的阅读，形象和画面自然就鲜活了。比如在
新读《咏鹅》时，我们探究真实的情境——在鸡犬相
闻的村庄，水池映着蓝天白云，鹅在水中引吭高歌。
回归生活的真实，鹅在画面中也就有了真实、生动的
生命。

问：读古诗为什么不能让孩子随意发挥想象？

答：一些古诗的配图，山是山，树是树，人物也只是人物；
一些人读古诗，随意想象画面——比如读王维的《少
年行》，有一个小孩想象的是，姐姐骑在马上，妹妹
在后面策马追赶，大叫："姐姐等我……"两种方式

都不可取。前者实，没有把感受引入想象空间，不能获得诗意；后者虚浮，离题万里。读古诗必须建立在诗人真情实感的形象和画面的基础上，产生共鸣，才能获得诗的审美想象。一千个哈姆雷特，必须是那一个哈姆雷特引发的。

问： 怎样把古诗与新读互相映衬，进行交汇阅读，获得思维空间的扩展？

答： 古诗受音韵和格律的限制，往往用简洁的文字表达丰富的情感。我们需要在原本的情境中，去探究诗人写了什么、为什么写、怎样写，找到让人感动的"源头"，即诗人的情感怎样用形象和画面表达，获得"不思而得"的本真感受。在新读中获得印证，然后对照新读，体会怎样用语言文字生动地表达诗人的情感，怎样获得生动的画面。

问：《古诗新读》里孩子的画，与古诗、与新读形成了相得益彰的审美效果。孩子们是怎么画出来的呢？

答： 孩子是天才画家，或者诗人。把书稿交给孩子，无需做任何"辅导"，他们就能自由发挥。孩子说，从古诗到新读，改变了自己读古诗的思维模式，把读到的形象组合成画面，就能轻松画下来。这个过程，孩子获得了快乐。古诗的表达，新读的诠释，画面的呈现，融合成一个完整的审美过程，互相辉映，以各自不同的美，感染读者，获得真正的阅读效果。

问： 有许多语文老师在课堂上用起《古诗新读》了。您能不能介绍一下，他们是怎么给孩子上古诗课的？

答： 语文课堂的主要任务是让孩子读懂古诗，完成课后作业，新读则起到辅助、加强阅读效果的作用，让学生进一步理解古诗的意境，完成古诗的审美过程。比如，一位语文老师讲《夜宿山寺》，对于诗意的理解，重在诗人表现的身在其中的感受。授课老师把古诗的简洁明了、产生的想象空间，与新读的情景交融相结合，引导孩子获得了真切的感受，教学效果让大家叹服。

自然，无论是孩子自主阅读，父母与孩子进行亲子阅读，还是语文老师的古诗教学，《古诗新读》都将带去全新的阅读审美体验，激发孩子的情感，让孩子与古诗共鸣，爱上古诗，让古诗成为成长的养分。

目 录

观 猎 【唐】王昌龄

题 解 诗人塑造了一个英勇少年的形象，抒写自己的
情怀。

角鹰初下秋草稀，
铁骢抛鞚去如飞。
少年猎得平原兔，
马后横捎意气归。

注 释 骢：读 cōng，毛色青白相间的马。鞚：读
kòng，马笼头。

铁骢抛鞚去如飞 / 雷欣怡

新 读 草原黄草稀疏，猎鹰啊在空中盘旋！
他骑着青白杂色的宝马，飞掠而去——
一眨眼，一只灰色的兔子成了猎物，
被横放在马背。他意气风发，又飞掠而回！

诗人先通过描写草原和猎鹰，生成了一幅画，
再让少年猎手闯进这幅画。通过描写少年飞掠
而去，飞掠而回的动作，将少年英武的形象塑
造得更加鲜活。

少年行（其一）【唐】王昌龄

题 解 诗人借用少年的形象，抒写自己的家国情怀。

西陵侠年少，送客过长亭。
青槐夹两道，白马如流星。
闻道羽书急，单于寇井陉。
气高轻赴难，谁顾燕山铭。

注 释 过长亭：走过长亭，有说"短长亭"，既短亭和长亭；长亭，古代设在路边的亭舍，供行人休息或离人饯别之用。羽书：古代插有鸟羽的紧急军事文书。寇：侵略。气高：气节高尚。轻：看轻。燕山铭：泛指歌颂边功的文字。

青槐夹两道，白马如流星 / 历雨萱

新 读 西陵少年一身侠骨，刚在凉亭送走客人，
又骑着白马，疾驰在那绿槐夹道的路上。
他得到告急的消息，敌军正在侵犯井陉。
奔赴前线，不顾安危，更无须歌功颂德！

这首诗抒写了一个少年侠客的豪情。前面四句
诗刻画了他在驿路上迎来送往，骑着白马的潇
洒风范；后面四句诗讲他为了守边抗敌，奋不
顾身、勇往直前的英雄气概。作品生动形象，
感人至深。

采莲曲（其二）【唐】王昌龄

题 解 诗人描绘少女采莲的生动画面，生动有趣。

荷叶罗裙一色裁，
芙蓉向脸两边开。
乱入池中看不见，
闻歌始觉有人来。

注 释 乱入：混入。

闻歌始觉有人来 / 廖家希

新 读 碧绿裙子似荷叶，荷叶碧绿如罗裙，
芙蓉像似你的脸，朵朵芙蓉绽笑容。
钻进荷花池，女孩却没有了踪影！
追着采莲的歌声，才见摇曳的莲蓬……

古诗语言精练而富有音韵美，描绘的画面鲜活动人。新读将情境变得更具体，清晰的视角，让一切似乎就在眼前，生动而富有情感。

芙蓉楼送辛渐　【唐】王昌龄

题 解　诗人在芙蓉楼送朋友去洛阳，写了这首赠别诗。

寒雨连江夜入吴，
平明送客楚山孤。
洛阳亲友如相问，
一片冰心在玉壶。

注 释　芙蓉楼：故址在今江苏镇江北，下临长江。吴：镇江在古代属于吴地。平明：天刚亮。楚山：泛指长江中下游北岸的山，长江中下游北岸在古代属于楚地范围。冰心：像冰一样晶莹、纯洁的心。

一片冰心在玉壶 / 陈若兮

新 读　昨夜冒着大雨，乘船来吴地送你，
　　　　只有茫茫大江和远处孤独的山影。
　　　　如果洛阳的亲友向你问我怎么样，
　　　　我还是我，玉壶里有水晶样的心！

诗人被贬，身在异乡，送朋友回家乡时有感而发，写下了《芙蓉楼送辛渐》，描绘特定时间、空间的情境，情感真挚，感人至深。新读用第一人称的视角，还原情境，将诗人的情感渲染开来，充满画面。

春 晓 【唐】孟浩然

题 解 诗人隐居山林，捕捉瞬间感受，写下这首闲
适诗。

春眠不觉晓，
处处闻啼鸟。
夜来风雨声，
花落知多少。

注 释 晓：天刚亮。闻：听。啼鸟：鸟叫声。

春眠不觉晓，处处闻啼鸟 / 梁钰琦

新 读 春天的夜晚好睡觉，一眨眼天就亮，
醒来就被叽喳的鸟叫淹没了。
依稀记得风吹了一夜，雨下了一夜，
我要赶快去林中，数数掉落在地上的花瓣。

古诗抓住春天的特点，描绘一幅春眠、鸟鸣、春雨、落花的画面，表现闲适的田园诗意。新读用口语化的表达，将刚醒来的感受描写得更细腻，用第一人称诉说，更是让人仿佛置身其中，听到、看到这一切，想立即去看看满地的湿叶落花。

宿建德江 【唐】孟浩然

题 解 诗人第二次漫游吴越，滞留在建德时，写了
这首诗。

移舟泊烟渚，
日暮客愁新。
野旷天低树，
江清月近人。

注 释 建德江：指新安江流经建德（今属浙江）的一
段。渚：水中间的小块陆地。

野旷天低树，江清月近人 / 胡宇杨

新 读　把小船划过来，泊在云雾蒙蒙大江边，
　　　　暮色降临，日复一日的惆怅涌上心头。
　　　　大地没有地平线，孤独的树远在天边，
　　　　江水清清，只有月亮陪着我，在船舷。

──────────────────────────────

诗人以内心独白的方式描绘画面，便有了凝聚
形象的视角。眼前的景物使内心产生情感，这
就是触景生情，画面便有了感人的诗意。

过故人庄 【唐】孟浩然

题 解 诗人写这首诗记录一次访友经历。

故人具鸡黍，邀我至田家。

绿树村边合，青山郭外斜。

开轩面场圃，把酒话桑麻。

待到重阳日，还来就菊花。

注 释 过：拜访。具：准备，置办。黍：黄米饭。合：环绕。郭：这里指村庄的外墙。轩：窗户。把：端起。桑麻：这里泛指庄稼。

开轩面场圃，把酒话桑麻 / 潘昱辰

新 读 饭菜早就飘香，酒杯也已斟满，
老友盛情邀请我，去他家做客。
茂密的树林，一路洒满绿树荫，
远处青山岭，隐现在村外城廓。
窗外菜园青青，晒谷场一片黄，
端着酒杯我们分享丰收的喜悦。
等到九月九日重阳喜悦的日子，
再来饮酒赏菊，我将翘首以待。

《过故人庄》是唐代田园诗的代表作品，诗人用平淡的诗句，自然流露对村庄和故人的情感，并描绘出一幅农村风景画。

九月九日忆山东兄弟 【唐】王维

题解 诗人漂泊长安，重阳节思亲，有感而发。

独在异乡为异客，
每逢佳节倍思亲。
遥知兄弟登高处，
遍插茱萸少一人。

注释 九月九日：指农历九月初九重阳节。山东：此
处指华山以东。登高：重阳节有登高的风俗。
茱萸：一种香气浓郁的植物，古人在重阳节有
插戴茱萸的习俗。

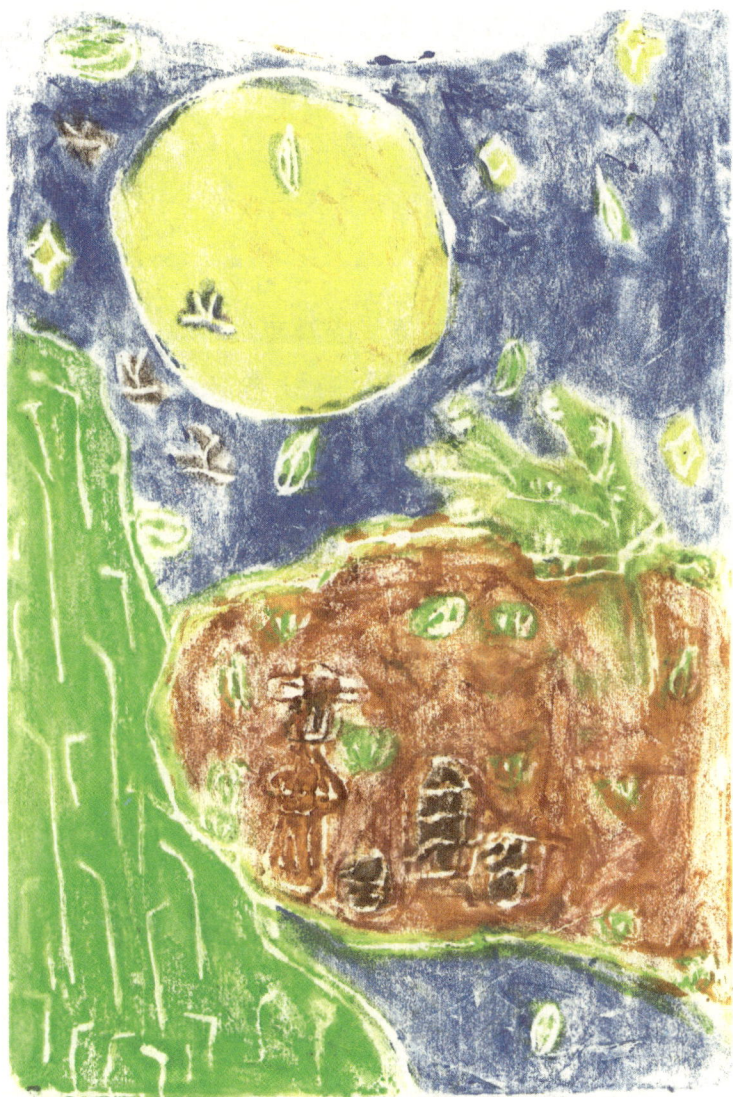

遍插茱萸少一人 / 李艺昕

新 读 我从小就离开家乡，漂泊在这里，

每到过年过节，格外想念家乡亲人。

我仿佛看见你们登高望远，极目天边，

插上芬芳的茱萸，回头寻找我的身影。

诗人想象亲人在家乡登高望远，想念漂泊在外的自己，视角变化了，让画面更具感情的冲击力。

送元二使安西 【唐】王维

题 解 友人元二远赴安西，诗人从长安送其到渭城客
舍，写了这首赠别诗。

渭城朝雨浥轻尘，
客舍青青柳色新。
劝君更尽一杯酒，
西出阳关无故人。

注 释 安西：指唐代安西都护府。浥：湿润。

客舍青青柳色新 / 苏怡西

新 读 昨晚下过雨，石板小街湿漉漉，
杨柳依依拂窗口，柳条牵离情。
多喝一杯吧，多喝一杯美酒吧，
策马向西，一出阳关难见人影！

触景生情，是人的自然反应。诗人在小雨淅淅
沥沥、柳条青绿摇曳的画面中，表达离别的情
绪，情真意切，令人感伤。

少年行（其三）【唐】王维

题 解　诗人简洁有力地刻画少年形象，抒写英雄
　　　　情怀。

一身能擘两雕弧，
虏骑千重只似无。
偏坐金鞍调白羽，
纷纷射杀五单于。

注 释　擘：张，拉开。雕弧：有雕饰的强劲之弓。

偏坐金鞍调白羽 / 张芳懿

新 读 我一张手臂，便能拉开两张强弓，

闯进千军万马，无人能敌！

坐在宝马金鞍上，侧身射箭疾如闪。

让那些侵犯边疆的敌寇，纷纷倒地。

诗人把人物形象刻画得栩栩如生，高明地抓住
人物特点，用拉弓、独闯敌阵、在马背上射箭
等动作组合成画面，使人物形象更加丰满，潇
洒气概迎面而来。

山中送别 【唐】王维

题 解 隐居的诗人，送别朋友，孤独惆怅，写诗表达
内心的情感。

山中相送罢，
日暮掩柴扉。
春草明年绿，
王孙归不归？

注 释 罢：完毕，过后。扉：门。王孙：这里指友人。

春草明年绿，王孙归不归 / 张若涵

新 读 在山中，送你离开，黄昏突然降临，
望着消失的小路，点亮蜡烛，关上木门。
等到明年，草长莺飞春光好，
朋友啊，你会不会，会不会，再一次光临？

《山中送别》构思独特，在唐代送别诗中，显得别具一格。诗人不写送别时的情景，而是写送别以后的惆怅与期盼，把送别的情感表达得淋漓尽致，让诗意更耐人寻味，触动人心。

鸟鸣涧 【唐】王维

题 解 诗人被山涧春天月夜的美景触动，有感而发。

人闲桂花落，
夜静春山空。
月出惊山鸟，
时鸣春涧中。

注 释 鸟鸣涧：鸟儿在山涧中鸣叫。闲：安静、悠闲，
含有人声寂静的意思。时：时而。

月出惊山鸟，时鸣春涧中 / 刘馨语

新 读 这里人迹罕至，只听桂花如雨落满地，
夜幕中青山寂静，春天似在空谷融化。
月光突然映亮天空，惊飞了满山鸟儿，
我听见春天的脚步，轻悄奔跑在山涧。

王维的《鸟鸣涧》，巧妙地用二十个字描绘了
一幅鲜活的画面，富有美感。春天的山涧如八
音盒一般迸发出清亮的声音，再配上山中美景，
组成了一幅有声的画面，生动美妙且富有质感。

鹿 柴 【唐】王维

题 解 诗人在辋川居住期间，写了山水诗代表作——
五绝组诗《辋川集》，此为二十首中的第四首。

空山不见人，
但闻人语响。
返景入深林，
复照青苔上。

注 释 鹿柴：王维在辋川别业的胜景之一，在今陕西
蓝田西南；柴，读 zhài。但：只。返景：太阳
将落时通过云彩反射的阳光。复：又。

返景入深林，复照青苔上 / 邓诗倩

新 读 踏着暮色，我走进空无一人的山谷，
看不见人影，却处处听见说话的声音。
一抹夕阳像聚光灯，照亮林中的落叶，
也照亮路边青苔。风吹树林，好寂静！

诗人没有直接描写鹿柴的景色，而是从"我"
的视角出发，置身其中，以人声衬托寂静，让
罕无人迹的画面更有审美张力。

山居秋暝 【唐】王维

题解 诗人描绘了一幅秋日傍晚雨后的山林图。

空山新雨后，天气晚来秋。
明月松间照，清泉石上流。
竹喧归浣女，莲动下渔舟。
随意春芳歇，王孙自可留。

注释 暝：日落时分，天色将晚。浣女：洗衣物的女子。
歇：尽。王孙：原指贵族子弟，此处指诗人自己。

随意春芳歇，王孙自可留／梁婷

新 读 空旷的山谷里，阵雨刚刚停。

傍晚清凉，仿佛秋天已来临。

松树梢头，挂着一轮明月；

石头缝隙，清泉汩汩流淌。

竹林沙沙响，洗衣女孩回家去；

荷叶影绰绰，打鱼小船唱晚归。

春光易老，岁月不再，随他去吧！

秋色灿烂落叶满，我想久久留下！

诗人像画家一样，描绘阵雨后的山谷黄昏，画面清新静谧。新读不受格律的限制，清晰地刻画形象，让画面有声有色。诗人发出的人生感叹，直击人心。

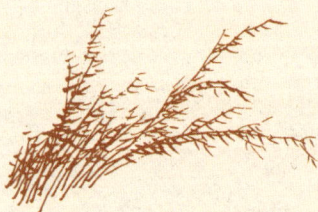

静夜思 【唐】李白

题 解 诗人触景生情，抒写游子对故乡的怀念。

床前明月光，
疑是地上霜。
举头望明月，
低头思故乡。

注 释 举：抬。

举头望明月，低头思故乡 / 叶轩雨

新读 井栏边斜射着一抹月光，

如一泓清水，似一抹秋霜。

不敢抬头看那圆圆的月亮，

只怕望见月亮下我的故乡。

诗人还原当时感受的情境，把形象和画面描绘得清晰生动。诗人的诉说自然穿越时间，连接空间，让人获得身临其境的体验，思乡之情油然而生。

古朗月行 【唐】李白

题 解 李白借"朗月行"的题目发挥，表达对社会的
忧患之情。

> 小时不识月，呼作白玉盘。
> 又疑瑶台镜，飞在青云端。
> 仙人垂两足，桂树何团团。
> 白兔捣药成，问言与谁餐。
> 蟾蜍蚀圆影，大明夜已残。
> 羿昔落九乌，天人清且安。
> 阴精此沦惑，去去不足观。
> 忧来其如何？凄怆摧心肝。

注 释 瑶台：传说中神仙居住的地方。问言：问；言，
语气助词。羿：神话中射落九个太阳的英雄。
阴精：指月亮。沦惑：沉沦迷惑。

又疑瑶台镜，飞在青云端／杨思成

新 读　记得儿时喜欢仰望月亮，
以为挂着一个白色玉盘，
还把它看成神仙的镜子，
飞翔在淡薄的星云之间。
驾月车夫与圆圆的树影，
从初月到满月神秘莫测。
白兔捣药捣得星光闪烁，
要给予天上哪一位神仙。
丑陋的蟾蜍啃噬着月亮，
看着看着就被啃得残缺！
多想后羿射落九个太阳，
让天地清明，百姓安康……
我眼见此时月亮的沦陷，
惨不忍睹只想远远离开。
可心里的忧患怎么形容？
悲惨凄楚像摧残我心肝！

　　《古朗月行》以月亮为载体，借用古代神话人物和故事，表达诗人对社会的忧思和讽喻。诗人刻画生动鲜活的形象，构建一幅奇幻神秘的画面。

望庐山瀑布 【唐】李白

题 解 早晨李白伫立在香炉峰上，眺望庐山瀑布，写下这首诗。

日照香炉生紫烟，
遥看瀑布挂前川。
飞流直下三千尺，
疑是银河落九天。

注 释 香炉：庐山香炉峰。九天：指天的最高处，形容极高。

疑是银河落九天 / 连翊廷

新读 晨光熹微，香炉峰被笼罩在水雾中。
瀑布若隐若现，从峰顶直挂到水面，
轰隆鸣响着，飞落在深深的谷底，
像银河从天而降，溅起水珠像星星！

诗人置身香炉峰的晨光之中，看到庐山云海翻滚，瀑布若隐若现，发出轰鸣声，便产生了夸张的想象——飞流直下三千尺。新读将画面变得更具体，清晰的视角让人仿佛穿越时空，和李白共同感受奇观。

夜宿山寺 【唐】李白

题 解 在山顶寺庙，诗人面对星空，抒写对大自然的
敬畏。

危楼高百尺，
手可摘星辰。
不敢高声语，
恐惊天上人。

注 释 危楼：高楼，这里指山顶的寺庙。百尺：虚指，
这里形容楼很高。

不敢高声语，恐惊天上人 / 蒋溏昕

新 读 夜宿山顶寺庙，好像住在天上，

一伸手，就可以摘下满天星星。

嘘——屏住呼吸呀，屏住呼吸，

在璀璨夜空中，仙人正在做梦。

《夜宿山寺》让我们和诗人一起站在山顶，面对星空，敬畏感油然而生。诗人从自己的感受出发，展现了生动的画面，因此作品具有强烈的文学感染力。

望天门山 【唐】李白

题 解 李白乘船经过安徽天门山，触景生情而作。

天门中断楚江开，
碧水东流至此回。
两岸青山相对出，
孤帆一片日边来。

注 释 天门山：今安徽东梁山与西梁山的合称，东梁
山在今芜湖，西梁山在今马鞍山，两山隔江相
对，像天然的门户。楚江：长江中下游部分河
段在古代流经楚地，所以叫楚江。

孤帆一片日边来／祁麟

新 读　天门山啊天门山，长江来了快开门，
长江水啊滚滚流，奔腾出门又回旋。
一路青山扑面来，像似画廊让我看，
红日迎面出水中，孤帆一片飘蓝天！

诗人远望天门山，饱含激情地把他当时的感
受——楚江撞开"天门"、青山铺面来展现出来，
给我们以审美冲击。

早发白帝城 【唐】李白

题 解 在流放途中，诗人得知自己遇赦，写诗表达狂喜之情。

朝辞白帝彩云间，
千里江陵一日还。
两岸猿声啼不住，
轻舟已过万重山。

注 释 发：启程。白帝城：古城名，在今重庆奉节东白帝山上。彩云间：白帝城地势高耸，仿佛耸入云间。江陵：今湖北荆州。住：停息。

轻舟已过万重山 / 税逸潇

新 读 挥动一片早霞，我告别白帝城；
晚霞落满大江，迎我抵达江陵！
归心似箭，猿声哀鸣充耳不闻，
小船像飞鸟，眨眼掠过千山万岭！

在漫长的流放途中，李白遇到赦免。告别白帝城，他心情畅快，归心似箭，随即直抒胸臆，把狂喜蕴含于画面中，仿佛进入时间隧道，夸张的表达，脱颖而出。

独坐敬亭山 【唐】李白

题 解 诗人独坐，融入画面，表达孤独的情感。

众鸟高飞尽，
孤云独去闲。
相看两不厌，
只有敬亭山。

注 释 尽：没有了。闲：形容云彩飘来飘去，悠闲自在的样子。厌：满足。

众鸟高飞尽，孤云独去闲 / 张博睿

新读 一群一群的鸟儿，已飞远；
一朵一朵的白云，还徘徊。
我远远地看山，没有厌倦；
山远远地看我，依然新鲜。

诗人看飞鸟、看飘浮的云团，与大江对岸的敬亭山久久对视。在诗人心中，大山虽然无语，但像最懂自己的朋友，"相看两不厌"让诗意有了升华。

赠汪伦 【唐】李白

题 解　李白游桃花潭时，写下这首离别诗。

李白乘舟将欲行，
忽闻岸上踏歌声。
桃花潭水深千尺，
不及汪伦送我情！

注 释　汪伦：李白的朋友。踏歌：唐代民间流行的一种手拉手，以两足踏地为节拍的歌舞形式，可以边走边唱。桃花潭：在今安徽泾县西南。深千尺：形容潭水深。不及：不如。

桃花潭水深千尺，不及汪伦送我情 / 张梓轩

新 读 我就要远行，在船头，挥手向你告别，

你们在岸上手拉着手，一边跳一边唱。

桃花潭水清澈见底，就像一坛美酒，

纵然千尺之深，也比不上这送别的情谊！

诗人在前两句诗中，描绘了一幅离别的画面；在后两句诗中，以比物手法形象地表达了与友人的深厚感情。这种比物的手法，让情谊化虚为实，自然而情真。

越女词（其一） 【唐】李白

题解 李白漫游江南，写了这组刻画女孩形象的诗。

> 长干吴儿女，
> 眉目艳新月。
> 屐上足如霜，
> 不著鸦头袜。

注释 吴：吴地，今长江下游江苏南部。儿女：此指女儿。屐：木底鞋。鸦头袜：即叉头袜。

屐上足如霜，不着鸦头袜 / 练宸忻

新 读 长干小街石板铺，女孩嗒嗒走来，
清秀的眉，明亮的眼，恰似皎洁弯月亮。
木屐敲击着石板，脚丫白净如霜，
若穿上一双鸦头袜，会像两朵小野花。

诗人好像在画一幅写意画，只勾勒了女孩的眼睛和脚丫，就呈现出一幅完整的画面，人物形象生动鲜活，仿佛人物就在眼前。

越女词（其三） 【唐】李白

题 解 李白漫游江南，写了这组刻画女孩形象的诗。

耶溪采莲女，
见客棹歌回。
笑入荷花去，
佯羞不出来。

注 释 耶溪：若耶溪，在今浙江绍兴。棹歌：划船时唱的歌；棹，读 zhào。

笑入荷花去，佯羞不出来 / 郭腾玮

新读 我听见荷叶的海里，女孩轻唱采莲歌，

远远看见人来了，突然用手掩住嘴巴。

呼啦一下，眼前只有荷叶微微在摇晃，

我却听见轻轻的笑，被朵朵荷花遮住。

诗人准确地捕捉人物的神态，抓住"笑入""佯羞"两个动作，把女孩的天真活泼以及娇羞刻画得惟妙惟肖。

寄东鲁二稚子（节选） 【唐】李白

题 解 诗人客居金陵（今南京）时，想念在东鲁（今济宁）的儿女，写了这首诗。

楼东一株桃，枝叶拂青烟。

娇女字平阳，折花倚桃边。

折花不见我，泪下如流泉。

小儿名伯禽，与姊亦齐肩。

双行桃树下，抚背复谁怜？

念此失次第，肝肠日忧煎。

裂素写远意，因之汶阳川。

注 释 素：指绢素，古代作书画用的白绢。

楼东一株桃，枝叶拂青烟 / 刘语沛瑶

新读 我看见楼边桃树已经长高，

枝繁叶茂，花枝拂动袅袅炊烟。

我看见女儿平阳亭亭玉立，

折下一枝花，倚靠在桃树下，

闻到花香，却见不到爸爸，

脸上的泪水，像汩汩的泉水流淌。

我看见儿子伯禽已经长大，

在姐姐身边，已经打齐姐姐的肩。

他们双双在桃树下徘徊，

弟弟拉着姐姐，姐姐搂着弟弟，

谁来怜爱他们？

想到这里，我就心烦意乱，

忧愁、痛苦让我从白天煎熬到晚上！

赶紧裁开白纸，连夜给他们写信，

明天早晨立即寄到汶水河边……

诗人给远在家乡的孩子写信，诉说想念之情，仿佛看见屋边的桃树下，孩子们双双徘徊，孤独无依，无人怜爱。这是缘情而生的虚幻情境，诗人却描绘得形象鲜明、具体生动，画面中诗人的感情让人感动。

月 夜 【唐】刘方平

题 解 诗人敏锐地感受到春天的气息，并用画面予以表现。

更深月色半人家，
北斗阑干南斗斜。
今夜偏知春气暖，
虫声新透绿窗纱。

注 释 阑干：横斜的样子。

虫声新透绿窗纱 / 雷紫露

新 读 夜深人静，月亮照耀着房屋的瓦脊，
一半明亮，一半阴暗。
北斗星和南斗星横斜在广袤的天空中，
闪闪发光。
一阵夜气袭来，感觉一丝温暖，
哦，这是春天的脚步临近了。
窗外轻轻的春虫鸣叫，透过绿色的窗纱，
传进我的耳朵。

诗人描写的画面清晰，空灵幽静。月光照耀，
星空飘移，诗人在这样宏大的画面中，感受的
却是若有若无的早春的气息——透过窗纱的虫
子鸣叫，虫子用自己的声音迎接春天。诗句情
感丰富，表达准确，诗意弥漫在画面之中。

采莲曲 【唐】刘方平

题 解 采莲曲，乐府诗旧题，诗人描写江南采莲女子
的生活画面。

落日清江里，
荆歌艳楚腰。
采莲从小惯，
十五即乘潮。

注 释 楚腰：即指细腰。乘潮：乘着潮水的涨落，驾
舟采莲。

落日清江里，荆歌艳楚腰／杨紫涵

新 读 一条大江从落日里流过，
细腰的女孩在船上唱歌。
小船上堆满丰收的莲蓬，
我从小喜欢风浪里出入。

诗的第一句描绘落日、大江的画面；第二句在画面中突出采莲女的形象；第三、四句为采莲女的自诉，抒发女孩的内心情感，让人物形象丰满、鲜活。

营州歌 【唐】高适

题 解 诗人刻画营州（今辽宁朝阳）少年的潇洒
形象。

营州少年厌原野，
狐裘蒙茸猎城下。
虏酒千钟不醉人，
胡儿十岁能骑马。

注 释 厌：饱，这里作饱经、习惯于之意。狐裘：狐
皮做的衣服。蒙茸：裘毛纷乱的样子。虏酒：
指营州当地出产的酒。

胡儿十岁能骑马 / 彭瑞

新 读 穿着狐裘的少年，爱在郊外游玩，

整日纵马驰骋，忙着在野外打猎。

本地酿造的酒，无论喝多少也不会醉。

我们才十岁，就把马背当成家园！

诗人描写人物，把人物放到画面中，刻画人物的外貌及动作，准确而简练地表现出人物的性格。诗人的抒情、直率、豪放，与诗中的边塞风情十分契合。

别董大（其一）【唐】高适

题 解 诗人送别友人，依依不舍，写诗表达情意。

千里黄云白日曛，
北风吹雁雪纷纷。
莫愁前路无知己，
天下谁人不识君？

注 释 黄云：暗黄色的云。白日曛：太阳暗淡无光。
曛，即曛黄，指昏黄景色。

莫愁前路无知己 / 朱雨沫

新 读 大地苍茫，乌云密布，云缝露出白太阳。

北风呼啸，雁群飞远，风雪茫茫铺大道。

举起酒杯，举起酒杯，前面会有新朋友，

天下闻名唯有你，走到哪里，都有好酒！

《别董大》前两句渲染送别朋友时的悲伤画面；后两句却乐观向上，充满鼓励，让苍茫的边塞风景突显一抹亮色。

宗武生日 【唐】杜甫

题 解 儿子宗武过十三岁生日，杜甫写诗祝愿与
勉励。

小子何时见，高秋此日生。
自从都邑语，已伴老夫名。
诗是吾家事，人传世上情。
熟精文选理，休觅彩衣轻。
涧瘵筵初秩，欹斜坐不成。
流霞分片片，涓滴就徐倾。

注 释 见：出生。都邑语：此处指在成都写的诗。文选：
指《文选》，我国较早的一部文学总集。涧瘵：
老病；瘵，读 zhài。欹斜：歪斜；欹，读 qī。流
霞：传说中的仙酒，亦指流动的彩霞。涓滴：一
滴滴。徐倾：慢慢地饮酒。

流霞分片片，涓滴就徐倾 / 王楚越

新 读　儿子，你什么时候出生？就在这秋高气爽的时候。

自从在成都给你写了诗，你就伴随着我的名气了。

写诗是我家祖辈相传的事业，哪里只是因为寻常的父子情感？

把《文选》读熟，发扬家学传统，莫学着老莱子，穿着彩衣取悦父母。

我带病为你举办生日宴，歪歪倒倒地坐在宴席上，

举杯，把流霞般的美酒，一点一点，慢慢地喝下去。

"诗圣"写诗，总是情感充沛，溢于言表。杜甫写诗记录儿子的生日酒宴，在字里行间流露着情感，生发着触动人心的力量。新读把原诗情境用白话演绎，具体生动，把一个父亲对儿子的娓娓诉说、谆谆教诲，表达得十分感人。

绝句二首 【唐】杜甫

题 解 战乱中，杜甫来到成都，春暖花开，深有感触，写诗表达内心的情感。

迟日江山丽，春风花草香。
泥融飞燕子，沙暖睡鸳鸯。

江碧鸟逾白，山青花欲燃。
今春看又过，何日是归年？

注 释 迟日：春日。泥融：这里指泥土变湿软。花欲燃：花红似火。

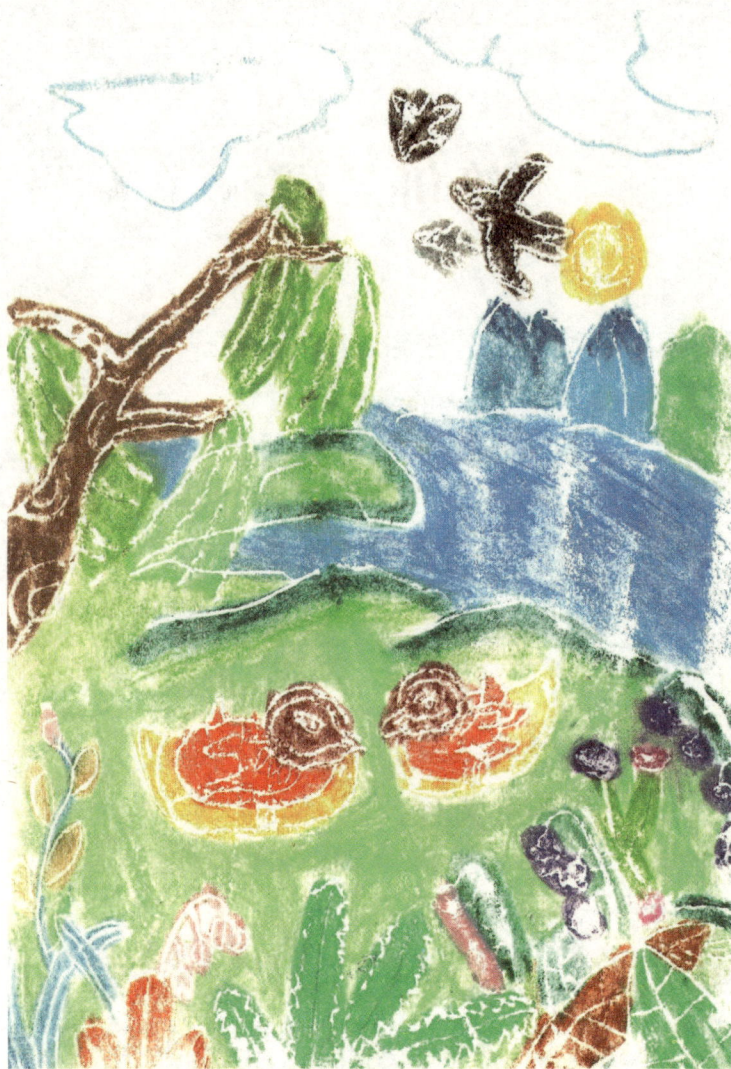

今春看又过,何日是归年 / 胡弋戈

新 读 白天渐渐变长，山啊，水啊，变得那么明丽。
春风迎面吹来，把花香、草香，朝我脸上泼。
湿漉漉的水田边，衔泥的燕子落下，又飞起；
暖融融的沙滩上，两只鸳鸯，却在呼呼大睡。

江水啊那么碧绿碧绿，衬托掠过水面的白鹭；
远山像一抹黛色的眉，眼前的红花似在燃烧。
沉浸在美好的春光里，一天天日子倏忽而逝，
昨夜梦见故乡了！飘零在外，何时能够回去？

《绝句二首》写得对仗工整、自然流畅，诗句
像是放大镜，把形象放置到具体情境中，突出
形象的特点，渲染诗意，让形象更为细腻和生动，
表达诗人欢悦和思乡的情绪。

绝 句（其三）【唐】杜甫

题 解 诗人触景生情，顺手拈来，描绘鲜活的春天图画。

两个黄鹂鸣翠柳，
一行白鹭上青天。
窗含西岭千秋雪，
门泊东吴万里船。

注 释 东吴：古时候吴国的领地，今江苏一带。

新 读 两只黄鹂在柳树上蹦跳、鸣叫，
一行白鹭引我眺望高高的蓝天。
我的窗口，成为西岭雪山的画框，
我在门前，听见东吴商船的桨声。

诗人伫立窗口，视角随心而动，听见黄鹂鸣
叫，看到白鹭飞天、天边雪山、眼下停泊的
商船……诗人一边看，一边感受，通过捕捉
形象，组合画面，让诗句变得生动鲜活。

窗含西岭千秋雪 / 余淼然

春夜喜雨 【唐】杜甫

题 解 在成都草堂的春雨之夜，诗人获得奇妙感受，写下这首诗。

好雨知时节，当春乃发生。
随风潜入夜，润物细无声。
野径云俱黑，江船火独明。
晓看红湿处，花重锦官城。

注 释 发生：萌发生长。野径：田野间的小路。红湿处：被雨水打湿的花丛。锦官城：成都的别称。

好雨知时节，当春乃发生 / 李林杰

新 读 春雨徐徐落下，好像懂我的心，
万物萌发生长，你就下个不停。
随同风悄悄来，披着夜的颜色，
滋润万物，留下露珠没有声音。
门前小路接云层，也是一片黑，
江边渔船灯影动，只有一点红。
天亮去看红花开，一片湿漉漉。
锦官城在花海中，一簇簇，一重重。

怎样把在自然中获得的奇妙感受真切地在画面中呈现，《春夜喜雨》给我们做出了很好的示范：诗人沉浸在自己的感受中，眼前景物与内心形象融合，诗句自然蕴含诗意。

闻官军收河南河北 【唐】杜甫

题 解 杜甫听到官军胜利的消息，写诗表达狂喜
之情。

剑外忽传收蓟北，初闻涕泪满衣裳。
却看妻子愁何在，漫卷诗书喜欲狂。
白日放歌须纵酒，青春作伴好还乡。
即从巴峡穿巫峡，便下襄阳向洛阳。

注 释 剑外：指作者所在的蜀地。蓟北：泛指唐朝蓟
州北部地区，当时是叛军盘踞的地方。却看：
回头看。妻子：妻子和孩子。青春：指春天。

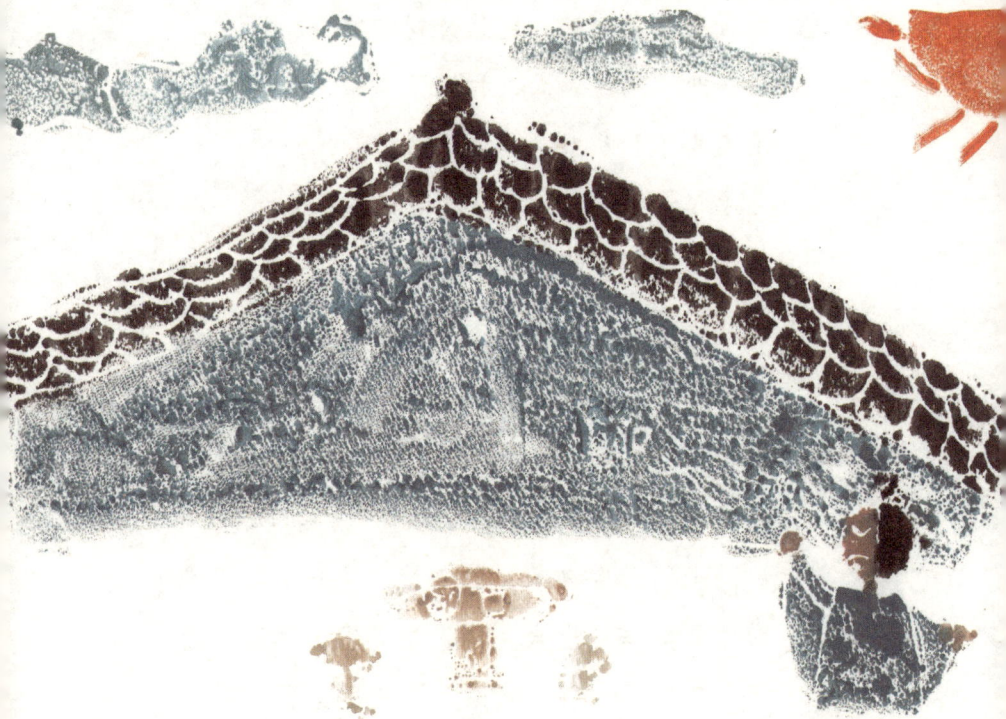

青春作伴好还乡 / 梁钰琦

新 读 收复蓟北的消息，突然传到四川，

我一听就泪流满面，打湿了衣襟。

看看妻子和儿女，愁云一扫而尽，

急急忙忙收拾好诗书，就想起程。

返回故乡吧，高声歌唱尽情喝酒；

返回故乡吧，趁着春天风和日丽。

赶快穿越巴峡和巫峡，一路顺风，

赶快从襄阳走到洛阳，落叶归根……

诗人表达了欣喜若狂的心情，将自己的感受生动形象地描绘出来。诗人没有直接陈述，而是将心中所想，转换成激动人心的画面，再用文字精准地描绘出来，我们自然就被诗人强烈的情感所感染了。

又呈吴郎 【唐】杜甫

题 解 诗人写诗叮嘱吴郎，让他关照邻居穷苦妇人。

堂前扑枣任西邻，无食无儿一妇人。
不为困穷宁有此？只缘恐惧转须亲。
即防远客虽多事，便插疏篱却甚真。
已诉征求贫到骨，正思戎马泪盈巾。

注 释 呈：呈送，尊敬的说法。扑：打。宁有此：怎
么会这样呢？征求：指赋税征敛。戎马：兵马，
指战争。盈：充满。

正思戎马泪盈巾 / 李冠辉

新 读 要来打枣，就任她；

她衣食无靠，孤身一人。

要不怎会这样？要对她和蔼，

千万不要吓着她了。

不要为防小偷插上篱笆，

让她觉得你不可亲近。

她被苛捐杂税压垮，

战乱更让她泪水打湿衣襟。

诗人把旧居留给吴郎，叮嘱吴郎善待邻居老人，不要干涉她来打枣充饥。诗人晓之以理，动之以情，充满悲悯之心。有了真切的情感，诗人这样描写家常，既可以让画面鲜活生动，也可以让诗句温暖人心。

望洞庭 【唐】刘禹锡

题 解 诗人路过洞庭湖，写诗描绘独特的湖光秋色。

湖光秋月两相和，
潭面无风镜未磨。
遥望洞庭山水翠，
白银盘里一青螺。

注 释 洞庭：即洞庭湖，位于今湖南北部。青螺：青
绿色的螺，这里用来形容洞庭湖中的君山。

白银盘里一青螺 / 刘昕业

新 读 不知湖水映照月亮，还是月光把湖水照亮？

影影绰绰，洞庭湖像一面铜镜，镜面未磨光。

站在高处，把湖水尽收眼底，山水浑然一片，

在湖水荡漾的大银盘里，望君山像青色的

田螺。

诗人被洞庭湖秋夜的美景吸引，把眼前所见和心中所感进行融合，画面就鲜明起来。"白银盘里一青螺"，山水俨然成了一件工艺品，诗意表达充分准确。

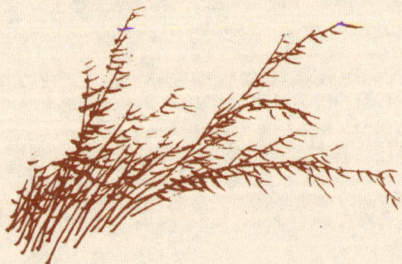

同乐天和微之深春（其十六）

【唐】刘禹锡

题 解　诗人用这首诗，刻画了小女孩的生动形象。

何处深春好，春深幼女家。
双鬟梳顶髻，两面绣裙花。
妆坏频临镜，身轻不占车。
秋千争次第，牵拽彩绳斜。

注 释　鬟：读 huán，古代女子梳的环形发髻。

何处深春好，春深幼女家 / 张译文

新 读 春天最美的景色在哪里?

小女孩就是最美的春天。

你看她的发髻像两朵花,

她绣花的裙子更像彩霞。

照镜子担心弄乱脸上妆,

小小的身子坐车不占位。

荡秋千依照次序不争抢,

拽着彩绳荡啊荡上了天。

诗人在诗中描写女孩的形象,用生动的语言罗列了她的日常生活。新读着重把生活中的形象以更鲜活的画面呈现,情景交融,突出人物的天真可爱,产生情感冲击力。

同乐天和微之深春（其二十）

【唐】刘禹锡

题 解 诗人用这首诗，刻画了小男孩的生动形象。

何处深春好，春深稚子家。

争骑一竿竹，偷折四邻花。

笑击羊皮鼓，行牵犊领车。

中庭贪夜戏，不觉玉绳斜。

注 释 稚子：幼童，小孩。领：下巴。

中庭贪夜戏，不觉玉绳斜／李锦萱

新 读 春天最美的景色在哪里?

小男孩是最活泼的春天。

你看他争着一个竹马骑,

又到左邻右舍偷偷摘花。

咯咯的笑声像敲羊皮鼓,

走路直着脖子像牛拉车。

庭院里游戏追逐捉迷藏,

玩到星空倾斜还嫌没够。

诗人描写稚子,抓住了骑竹马、偷摘花、敲羊皮鼓等元素,将其组合在一起,就有了画面,也有了生动的诗。

乌衣巷 【唐】刘禹锡

题解 诗人途经金陵（今南京），咏怀古迹，写了《乌衣巷》。

朱雀桥边野草花，
乌衣巷口夕阳斜。
旧时王谢堂前燕，
飞入寻常百姓家。

注释 王谢：王导、谢安，晋相，世家大族，为六朝巨室。寻常：平常。

飞入寻常百姓家 / 甘可馨

新 读 朱雀桥的石缝里，开满黄色的小野花，

夕阳正从乌衣巷口往下坠落。

暮色苍茫，在王侯的厅堂里飞过的燕子啊，

这时，正在平常老百姓的屋檐下盘旋！

来到乌衣巷，诗人触景生情——乌衣巷的过往岁月，落下的夕阳，飞来飞去的燕子……这些鲜活的形象，让诗人的情感爆发出来，组合成一幅色彩鲜明、有静有动、思考与启迪并存的画。

赋得古原草送别 【唐】白居易

题 解 这首诗是诗人少年时准备应试科举的习作。

> 离离原上草，一岁一枯荣。
> 野火烧不尽，春风吹又生。
> 远芳侵古道，晴翠接荒城。
> 又送王孙去，萋萋满别情。

注 释 离离：形容青草茂密。荣：茂盛。远芳：草的香气远播。侵：长满。晴翠：草原晴朗翠绿。王孙：此指远方的友人。萋萋：形容草木繁茂的样子。

又送王孙去，萋萋满别情 / 邹悦妍

新 读 古原的草啊，一片茂密又翠绿，
在春风中繁荣，在秋霜里枯萎。
即使寒冬的野火把它烧成灰烬，
春风起，又是茂密无边草青青！
芬芳的野草掩埋那条蜿蜒古道，
阳光闪烁，连接着过去和未来。
此刻在草原上离别，送你远行，
夕阳落进古原，你和我依依不舍。

古草原的春荣秋枯、季节更替，给诗人一种理想和时间的启迪。诗人将此升华为野草一样顽强的精神，为人生理想而奋斗。新读努力还原情境，构置画面，情景交融，诗意从另一个视角强烈地显露出来。

池　上（其二）　【唐】白居易

题解　诗人游园，触景生情，写了这首童趣诗。

小娃撑小艇，
偷采白莲回。
不解藏踪迹，
浮萍一道开。

注释　艇：轻便小船。浮萍：水生植物，浮在水面，叶子扁平，叶子下面生须根，花白色。

不解藏踪迹，浮萍一道开 / 明奚锐

新 读 我看见荷叶晃动，你划着小船，

钻进荷塘深处，摘下一朵白荷花。

孩子，摘了就摘了吧，无须躲藏，

快过来，让船头把一路浮萍荡开。

古诗写小孩偷偷采摘白莲，简单直白，读起来清新可爱。新读转换了人称，用对孩子诉说的方式，刻画人物形象，划开的浮萍反而成了一道新的风景。情景交融的诗句，让诗意更加盎然。

暮江吟 【唐】白居易

题 解　旅途中，诗人为记录傍晚大江景色，写下此诗。

一道残阳铺水中，
半江瑟瑟半江红。
可怜九月初三夜，
露似真珠月似弓。

注 释　吟：古代诗歌体裁的一种。瑟瑟：这里形容未受到残阳照射的江水所呈现的青绿色。可怜：可爱。真珠：这里指珍珠。

露似真珠月似弓 / 曾诗琪

新 读 夕阳把满天晚霞铺满大江，

一边碧波粼粼，一边金碧辉煌。

我最爱这九月初三的夜晚，

叶上的水珠，辉映着弯弯的月亮。

诗人在时间中感受，把时间凝固在画面里，把红日西沉和新月东升融入情境，组合为一幅壮阔的画面，描绘大江自然奇观，色彩丰富，富有质感。

大林寺桃花 【唐】白居易

题 解 白居易游庐山大林寺，即景口吟。

> 人间四月芳菲尽，
> 山寺桃花始盛开。
> 长恨春归无觅处，
> 不知转入此中来。

注 释 人间：指庐山下的村落。山寺：指大林寺。始：才；刚刚。长恨：常常惋惜。春归：春天回去了。觅：寻找。不知：岂料，想不到。转：反。

长恨春归无觅处 / 关芷萱

新 读 山脚下的村庄已经落红满地，
山中寺庙的桃花才绽开花蕾。
原以为春天归去再也找不到，
想不到在这里又与春天相遇。

诗人到大林寺，触景生情，看到桃花绽蕾，回想山下的花已经开过，就直接写出了这样的感受。诗中描绘的画面生动鲜明，表达的情感真切。

山 行 【唐】杜牧

题 解 诗人行走在山间，被枫林吸引，抒写独特的
感受。

远上寒山石径斜，
白云生处有人家。
停车坐爱枫林晚，
霜叶红于二月花。

注 释 寒山：深秋时节的山。生：产生，生出。坐：因为。

霜叶红于二月花 / 王奕慧

新 读　通向深秋山谷的石板路，蜿蜒向上，
我去寻找白云间那个安恬的小村庄。
却因爱这路边的枫树林，停车驻留，
枫叶已被秋霜染，比春天的花更红。

前两句诗写诗人登山，沿着蜿蜒的石径，想要
上到白云缥缈间的房舍，充满视觉的张力。后
两句诗写路边枫林的画面，诗人的喜爱之情油
然而生。诗人并没有直接写自己登山的经过，
而是在向我们诉说、抒发情感，让我们和他一
起行走，一起在画面中沉醉。

清 明 【唐】杜牧

题 解 清明时节，诗人去杏花村饮酒，写下游记。

清明时节雨纷纷，
路上行人欲断魂。
借问酒家何处有？
牧童遥指杏花村。

注 释 清明：我国传统节日，有扫墓、踏青等习俗。

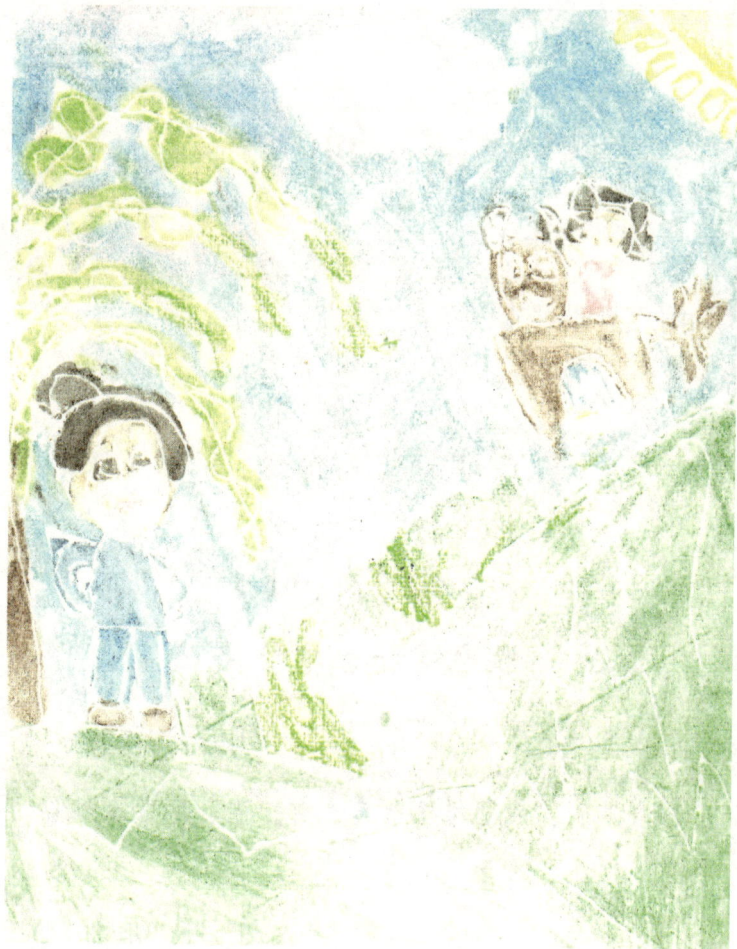

路上行人欲断魂 / 白轩

新 读 细雨纷纷，菜花飘落在泥泞里。

谁在田埂上留一串惆怅的脚印？

我想借酒浇愁，请问，哪里有酒喝？

牧童举鞭笑，杏花酒家就在烟雨中！

诗人一路走去，细雨、落花、泥泞里的脚印……
突出了诗人的惆怅。诗人与牧童的对话，把内
心的情感推向了极致。诗人在最后一句中留下
广阔的想象空间，余韵邈然，耐人寻味。

秋 夕 【唐】杜牧

题 解 诗人通过描绘秋夜失意宫女寂寞生活的画面，抒发自己的孤独失意。

银烛秋光冷画屏，
轻罗小扇扑流萤。
天阶夜色凉如水，
坐看牵牛织女星。

注 释 画屏：画有图案的屏风。流萤：飞动的萤火虫。天阶：露天石阶。坐看：一作"卧看"。

轻罗小扇扑流萤 / 邓富予

新 读 银色蜡烛摇曳生姿，照亮屏风上的图画。

女子举着绫罗小圆扇，

追着萤火虫跑来跑去。

台阶上，秋天的夜色像凉水漫卷而来，

女子坐在小凳上看满天星星，

想象牛郎织女的故事。

《秋夕》写得形象生动，充满秋天的忧郁，意境十分优美。蜡烛、画屏，宫女举着小扇追逐流萤、独坐仰望星空，画面生动活泼，轻快中透出忧伤。

江南春 【唐】杜牧

题 解 诗人感慨时光，写出这首具有讽喻意味的诗。

千里莺啼绿映红，

水村山郭酒旗风。

南朝四百八十寺，

多少楼台烟雨中。

注 释 郭：山城，山村。酒旗：酒招子，酒馆外悬挂的旗子之类的标识。南朝：公元 420—589 年先后建都于建康（今江苏南京）的宋、齐、梁、陈四个朝代的总称。四百八十寺："四百八十"是虚指，形容寺院很多。

千里莺啼绿映红 / 王语棠

新 读 江南处处，黄莺啼叫，花红柳绿好春光。

水边村庄，城里墙外，酒旗飘飘使人醉。

谷里钟声，谷外红墙，前朝留下多少庙？

细雨蒙蒙，时光流逝，楼台亭阁迷雾中。

诗人如摄影师一般，给江南拍摄了一幅全景图。前两句春景明朗，自然风光、民舍酒肆，有声有色；后两句镜头一转，对准迷蒙烟雨中一座座佛寺，屋宇重重，朦胧迷离，色调和画面形成鲜明对比，让画面变得更加丰富和耐人寻味。

无 题（其一）【唐】李商隐

题 解 诗人写诗描绘女孩生动真切的成长过程。

> 八岁偷照镜，长眉已能画。
> 十岁去踏青，芙蓉作裙衩。
> 十二学弹筝，银甲不曾卸。
> 十四藏六亲，悬知犹未嫁。
> 十五泣春风，背面秋千下。

注 释 银甲：银制假指甲，弹筝用具。六亲：这里指男性亲属。悬知：猜想。

十五泣春风，背面秋千下 / 田子旭

新 读　记得，八岁开始学画眉，

一天到晚都想照镜子；

记得，十岁到荷塘玩，总是幻想，

荷叶做裙，荷花做衣；

记得，十二岁，姐姐教我学弹筝，

舞动银甲成天叮咚响；

记得，把我关上阁楼，

要我藏六亲——去年我十四岁。

现在，春风吹，秋千荡，

我听见笑声洒满天空，黯然神伤……

诗人写一个女孩的成长，从女孩自述的视角，选取生命历程中极富画面感的几个片段，勾勒出一个女孩从天真无邪到青春忧伤的完整过程。整首诗画面鲜明、生动有趣，充满张力。

骄儿诗（节选） 【唐】李商隐

题 解 诗人爱子心切，情不自禁，写了这首诗。

仰鞭胃蛛网，俯首饮花蜜。
欲争蛱蝶轻，未谢柳絮疾。
阶前逢阿姊，六甲颇输失。
有时看临书，挺立不动膝。
芭蕉斜卷笺，辛夷低过笔。

注 释 争：比。谢：让。临书：临摹书法。

芭蕉斜卷笺，辛夷低过笔 / 陈雨若

新 读 你举着竹条儿缠绕蜘蛛网，

低下头去喝花蕊里的露水。

你的奔跑像蝴蝶一样轻盈，

比轻风吹起柳絮还要迅疾。

在台阶前面拉住姐姐玩耍，

下六子棋非要争你输我赢。

时常见你倚着窗口学书法，

站得端端正正，看得专心致志。

写字的素笺斜卷如芭蕉叶，

蘸墨的毛笔像一朵辛夷花。

新读强化诉说的视角，把看着儿子一举一动的感受，转化为情境中的形象进行刻画，将孩子的活泼顽皮表现得生动具体。

嫦 娥 【唐】李商隐

题 解 诗人深夜望月，触动内心，写诗表达自己的
情感。

云母屏风烛影深，
长河渐落晓星沉。
嫦娥应悔偷灵药，
碧海青天夜夜心。

注 释 云母屏风：以云母石制作的屏风。深：暗淡。
长河：银河。灵药：指长生不老药。

碧海青天夜夜心 / 张舒晴

新 读 夜深了，夜深了，云母屏风照烛影，

银河已经倾斜，星星渐渐融入晨光。

夜复一夜，嫦娥后悔偷吃飞天的药，

大海般的蓝天，夜夜煎熬她的忧伤！

从夜深烛影摇曳，到星斗沉落，诗人沉浸在漫
漫长夜中，孤寂忧思；触景生情，还产生了丰
富的联想——神话中嫦娥奔月，夜夜悔恨忧伤。
情景交融，这首诗自然有了触动人心的力量。

《古诗新读》梦想园

古诗、新读、孩子的画

激发了你的梦想——

快提起笔来吧

写诗、画画

记下读后随感

或者给大诗人

小画家

写一封信……

那就在这里写吧

想怎么写

就怎么写

画也随心所欲

这里，就是你的

——梦想园